Martin Schädler

Einsatz von Web Services im E-Commerce

GRIN - Verlag für akademische Texte

Der GRIN Verlag mit Sitz in München hat sich seit der Gründung im Jahr 1998 auf die Veröffentlichung akademischer Texte spezialisiert.

Die Verlagswebseite www.grin.com ist für Studenten, Hochschullehrer und andere Akademiker die ideale Plattform, ihre Fachtexte, Studienarbeiten, Abschlussarbeiten oder Dissertationen einem breiten Publikum zu präsentieren.

Dokument Nr. V33180 aus dem GRIN Verlagsprogramm

Martin Schädler

Einsatz von Web Services im E-Commerce

GRIN Verlag

Bibliografische Information der Deutschen Nationalbibliothek: Die Deutsche Bibliothek
verzeichnet diese Publikation in der Deutschen Nationalbibliografie; detaillierte bibliografische Daten sind im Internet über http://dnb.d-nb.de/ abrufbar.

1. Auflage 2004
Copyright © 2004 GRIN Verlag
http://www.grin.com/
Druck und Bindung: Books on Demand GmbH, Norderstedt Germany
ISBN 978-3-638-65223-0

Einsatz von Web Services im E-Commerce

–

Status Quo und Ausblick

Hausarbeit im Schwerpunkt

Informations- und Kommunikationstechnologien

– Treiber und Basis für den E-Commerce

gemäß §7 der Prüfungsordnung für den Weiterbildungsstudiengang WINFOLine Master of Science in Information Systems der Georg-August-Universität Göttingen, Wirtschaftswissenschaftliche Fakultät in der Fassung vom 26.09.2002.

Autor: Martin Schaedler

Inhalt

Abbildungsverzeichnis

Abkürzungsverzeichnis

AG	Aktiengesellschaft
AIAG	Automotive Industry Action Group
ALE	Application Link Enabling
API	Application Programming Interfaces
B2B	Business to Business
B2C	Business to Consumer
BAPI	Business Application Program Interface
bspw.	beispielsweise
bzw.	beziehungsweise
C-Business	Collaborative Business
CORBA	Common Request Broker Architecture
EAI	Enterprise Application Integration
EAN	European Article Number
eBusiness	Electronic Business
EJB	Enterprise Java Beans
ERP	Enterprise Ressource Planning
ERP II	Enterprise Ressource Planning 2nd Generation
etc.	et cetera
FTP	File Transfer Protocol
HTTP	Hypertext Transport Protocol
HTTPS	Secure Hypertext Transport Protocol
i.d.R.	in der Regel
IDOC	Intermediate Documents
MRP	Material Resource Planning
OAGI	Open Applications Group, Inc.
OASIS	Organization for the Advancement of Structured Information
RPC	Remote Procedure Call
SGML	Standardized General Markup Language
SOAP	Standard Object Access Protocol
sog.	sogenannte(r)
SSL	Secure Socket Layer
STMP	Simple Mail Transfer Protocol
u.ä.	und ähnliche(s)
UDDI	Universal Description, Discovery and Integration
UN/CEFACT	United Nations Centre for Trade Facilitation and Electronic
W3C	World Wide Web Consortium
WAP	Wireless Application Protocol
WSCI	Web Services Choreography Interface
WSDL	Web Service Description Language
WSI	Web Services Inspection
WS-I	Web Services Interoperability Organization
WSUI	Web Services User Interface
XHTML	eXtensible Hypertext Markup Language
XI	eXchange Infrastructure
XML	eXtensible Markup Language
z.B.	zum Beispiel

Abstrakt

Im Rahmen der Diskussion um kollaborative Szenarien der Geschäftsabwicklung werden Web Services seit geraumer Zeit als Allzweckwerkzeug für die Internet basierte Anbahnung und Abwicklung von Geschäftsprozessen propagiert. Die folgende Arbeit stellt dar, was Web Services sind und welche heutigen und zukünftigen Einsatzmöglichkeiten bestehen bzw. denkbar sind. Insbesondere wird dabei auf den Aspekt der Standardisierung von Web Services eingegangen. Denn nur wo Standards definiert sind, kann die unternehmensübergreifende Kommunikation formalisiert und elektronisch abgebildet werden.

Dabei wird verdeutlicht, dass die Entwicklung technischer Standards wie XML, SOAP, WSDL und UDDI mittlerweile recht weit fortgeschritten ist. Die Standardisierung semantischer Formate, die eine zwingende Voraussetzung für die praktische Kollaboration von Unternehmen darstellt, ist bislang hinter der technischen zurückgeblieben. Entsprechende, semantische Ansätze, wie sie z.b. durch OASIS und diverse weitere Organisationen vorangetrieben werden, könnten dieses Defizit in Zukunft beseitigen. Aus den im EDI Bereich gewonnen Erfahrungen heraus ist jedoch nicht zu erwarten, dass sich kurzfristig branchenweite oder gar – übergreifende Standards am Markt etablieren werden.

1 Kollaborative Geschäftsprozesse

Seit Anfang der 80er Jahre stand die Optimierung innerbetrieblicher Prozesse und Informationsflüsse im Rahmen von MRP- (Material Resource Planning) und ERP- (Enterprise Resource Planning) Projekten im Fokus der meisten mittleren und größeren Unternehmen.

In den letzten Jahren hat sich jedoch die Erkenntnis durchgesetzt, dass die Optimierung unternehmensinterner Prozesse zwar eine notwendige, aber keinesfalls hinreichende Bedingung für die Wettbewerbsfähigkeit eines Unternehmens ist. In einer vernetzten, hochgradig arbeitsteiligen Wirtschaft konkurrieren eben nicht mehr einzelne Unternehmen, sondern komplette Wertschöpfungsketten aus Kunden, Zulieferern und Partnern miteinander. „Die Bildung von zwischenbetrieblichen Kooperationen wird für die beteiligten Akteure immer häufiger zum Instrument der Verbesserung ihrer Wettbewerbsposition in einer globalen Weltwirtschaft" [BuKö00, S. V].

Dieser Erkenntnis tragen verschiedene, neuere Begriffe und Konzepte, wie ERP II (Enterprise Ressource Planning 2nd Generation) [Gart00] oder C-Business (Collaborative Business) [Wett2003] Rechnung. Beiden Konzepten ist gemein, dass sie die Kooperationsfähigkeit von Unternehmen, d.h. die Fähigkeit zur Integration in kollaborative Geschäftsprozesse, betonen und das Internet als geeignetes Kommunikations- und Koordinationsinstrument betrachten. Hieraus lassen sich neue Anforderungen an Konzeption und Integration der diese Prozesse unterstützenden IT Systeme ableiten.

Standen zu Zeiten des ERP Booms monolithische Anwendungssysteme im Vordergrund, so fordern kollaborative Geschäftsprozesse modulare Softwarekomponenten, die ihre Funktionalitäten als Services gekapselt über standardisierte Internettechnologien zur Verfügung stellen. Einerseits sollen so ohne substantielle Schnittstellen- und Integrationsaufwände unternehmensinterne IT-Systeme gekoppelt werden. Andererseits soll die Kommunikation mit externen Systemen von Geschäftspartnern ermöglicht und so ganze Unternehmen fallweise zu virtuellen Wertschöpfungsketten kombiniert werden. Auf diesen Überlegungen basiert das Konzept der Web Services.

Die folgende Arbeit stellt dar, was sich hinter dem Begriff der Web Services verbirgt und auf welchen Standards Web Services aufbauen. Denn nur wo Standards definiert sind, kann die unternehmensübergreifende Kommunikation formalisiert und

elektronisch abgebildet werden. Standardisierung ist demnach eine Kernanforderung für die praktische Einsatzfähigkeit von Web Services. Vorgestellt werden die technischen Basisstandards XML, SOAP, WSDL und UDDI. Mit ebXML wird ein weiterer, umfassender eBusiness Standard vorgestellt, der teilweise auf den technischen Basisstandards aufsetzt, aber darüber hinaus eine semantische Komponente zur Beschreibung von Geschäftsprozessen und Geschäftsnachrichten beinhaltet. Weiter wird beleuchtet, für welche Einsatzmöglichkeiten Web Services geeignet sind und wie zukünftigen Perspektiven von Web Services aussehen. Zur plastischen Darstellung der Einsatzmöglichkeiten wird das Beispiel der im Kurs behandelten Impuls-Schuh-AG herangezogen. Eine Bewertung des Status Quo mit Ausblick auf zukünftige Entwicklungen schließt die Arbeit ab.

2 Web Services

2.1 Begriffsbestimmung

Web Services sind, wie der Name vermuten lässt, Dienste, die über das Internet (bzw. Internettechnologien) angeboten werden können. Sie beinhalten gekapselte Funktionalitäten mit definierten und im Idealfall standardisierten Schnittstellen, welche die Interoperabilität, d.h. die Zusammenarbeit mit anderen Web Services, ermöglichen. Web Services sind plattform- und programmiersprachenunabhängig [HMD2003a] und können so zusammenarbeiten, unabhängig davon, auf welchem Server sie sich befinden und auf welcher Plattform sie implementiert wurden.

Technische und semantische Standards, die den Web Services zugrunde liegen, werden von nahezu allen IT- und Softwareherstellern unterstützt. Dies war bei anderen Komponentenmodellen, mit ähnlichen Zielsetzungen hinsichtlich Interoperabilität und Plattformunabhängigkeit, wie DCE (Distributed Computing Environment), CORBA (Common Object Request Broker Architecture), DCOM (Distributed Component Object Model) oder EJBs (Enterprise Java Beans) nicht oder nicht in dem Ausmaß der Fall. Darüber hinaus ist das den Web Services zugrunde liegende Kommunikationsprotokoll SOAP (Standard Object Access Protocol) wesentlich weniger komplex und so einfacher zu beherrschen. In der Praxis bringen DCE-, DCOM- oder CORBA-Implementierungen eine Reihe weiterer Nachteile mit sich, da sie die Verwendung von Sprachen und Werkzeugen teilweise stark einschränken und praktisch nur in Intranet Umgebungen funktionieren [Knut2002, S. 14].

Komponen-tenmodell	Hersteller / Org.	Offener Standard	Plattform-unabhängig	Sprach-unabhängig	Vorteile	Nachteile
DCE	OSF	ja	ja	ja	hohe Interoperabilität	sehr komplex (~600 APIs)
DCOM	Microsoft	nein	bedingt	ja	viele Komponenten verfügbar	Plattformabhängig (Windows)
CORBA	OMG	ja	ja	ja	offener, verbreiteter Standard	anspruchsvolle Programmierung
EJB	SUN	bedingt	ja	nein	hoher Enwicklungsstand	relativ neu, wenige Tools

Bild 1: Übersicht Komponentenmodelle

Web Service Definitionen gibt es hinreichend, fast jeder Anbieter oder Autor hat seine eigene mehr oder weniger ausgeprägte Auffassung, was unter einem Web Service zu verstehen ist [vgl. exemplarisch Bitz2002, S. 217; UDD2002a, S.2; HMD2003a; FiMa2003; RaVo2002, S.293f]. Um eine Abgrenzung zu weiteren, über das Internet angebotenen Diensten und insbesondere zu den o.g. Komponenten-modellen zu schaffen, wird häufig von XML Web Services gesprochen, die folgende Gemeinsamkeiten haben (in Anlehnung an [FiMa2003]):

- Web Services werden in der Metasprache XML (eXtensible Markup Langua-ge) entwickelt und beschrieben und stellen ihre Dienste über das Standard Protokoll SOAP zur Verfügung.

- Schnittstellen von Web Services werden über die standardisierte Schnittstel-lenbeschreibungssprache WSDL (Web Service Description Language) defi-niert.

- Damit Web Services durch potentielle Benutzer oder andere Web Services identifiziert werden können, werden sie in einem öffentlichen Verzeichnis (UDDI: Universal Description, Discovery and Integration) oder auf der Websi-te des Bereitstellers (über WSI: Web Services Inspection) registriert.

Da die Verwendung von WSDL und UDDI im Rahmen bei einigen Projekten (z.B. bei innerbetrieblichen Integrationsprojekten) relativ zu vernachlässigen ist, kann SOAP als Minimalstandardtechnologie für Web Services betrachtet werden.

Im Folgenden wird unter einem Web Service ein modularer Dienst verstanden, der maschinell aufgefunden und genutzt werden kann. Web Services Implementierun-gen nutzen minimal den Standard SOAP, ergänzt um WSDL und UDDI.

Wie diese Technologien zusammenwirken, wird nun dargestellt.

2.2 Funktionsweise

Kapselung von Funktionalitäten und standardisierte Schnittstellen sind Vorausset-zungen für Web-Services. Web-Services ermöglichen Komponentenaufrufe, als wenn die Komponente Bestanteil der eigenen Anwendung wäre. Der eigentliche Funktions- bzw. Web-Service Aufruf wird durch das SOAP Protokoll realisiert. SOAP ist ein XML basiertes Protokoll, das es, ähnlich konventionellen Remote Procedure Calls (RPCs), ermöglicht, Funktionsaufrufe auf entfernten Servern durchzuführen. Als Transportschicht wird dabei das Hypertext Transport Protocol (HTTP) oder alternativ SMTP (Simple Mail Transfer Protocol) bzw. FTP (File Transfer Protocol) benutzt.

Die Funktionalität des Web-Services wird als definierte und beschriebene Schnittstelle angeboten, die einen bestimmten Input verlangt und ggf. dafür eine entsprechende Information als Ausgabe zurückliefert. Die hinter dem Web-Service liegende technische Komponente ist nicht maßgeblich, allein die Kompatibilität des Web-Service bzw. dessen Schnittstellen ist entscheidend.

Schnittstellen von Web-Services lassen sich mit der XML basierten WSDL standardkonform beschreiben. Zur Publikation der Web-Service Beschreibung werden Verzeichnisse, Web-Service Directories, genutzt, die alle verfügbaren Web-Services hinsichtlich ihrer Funktionalität und Schnittstelle als XML Datensatz beschreiben. UDDI ist ein solches globales, branchenübergreifendes und öffentliches Web-Service Directory. Soll ein Web Service nicht öffentlich publiziert werden, kann er alternativ mittels WSI auf dem eigenen Server registriert und dort angeboten werden.

Folgendes Schaubild verdeutlicht Architektur und Zusammenwirken dieser Elemente:

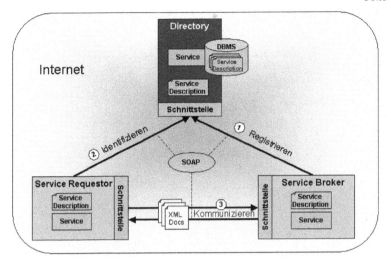

Bild 2: Web Service Architektur

1. Damit ein Web Service (Service Broker) von einem anderen Web Service (Service Requestor) gefunden werden kann, muss er in einem UDDI (oder WSI) Directory registriert werden. Dazu wird der Web Service in WSDL beschrieben und die Beschreibung (Service Description) als XML Dokument über SOAP an das Directory übertragen. Der Web Service ist damit registriert. UDDI ist dabei selbst ein Web Service und wird über eine in WSDL beschriebene Schnittstelle angesprochen. Die Service Descriptions der registrierten Web Services werden als XML Dokumente in einer Datenbank abgelegt.

2. Der Service Requestor greift, um einen geeigneten Web Service zu identifizieren, mit einem SOAP Aufruf auf das Directory zu. Dieser SOAP Aufruf enthält die Parameter des gesuchten Web Services. Wird über die Suche ein geeigneter Web Service identifiziert, sendet das Directory über SOAP das Ergebnis der Suche zurück an den Service Requestor.

3. Der Service Requestor ist nun in der Lage, den gesuchten Web Service zu adressieren und eine Kommunikation aufzubauen. Geschäftsdaten werden dabei innerhalb der SOAP Protokolls als XML Nachrichten (Payload) ausgetauscht. Die Schnittstelle des Service Brokers verarbeitet die Payload nach dem Black-Box Prinzip und gibt das Ergebnis der Verarbeitung wiederum als Payload über SOAP an den Service Requestor zurück.

Prinzipiell lassen sich Web-Services so zu lose gekoppelten Anwendungen kombinieren, die eine Implementierung von Collaborative Commerce Business darstellen können. Voraussetzung hierfür ist, dass die Web Service Implementierungen den im Folgenden dargestellten Standards entsprechen.

3 Web Services Standards

Standards spielen eine entscheidende Rolle bei der Gewährleistung der Kompatibilität und Interoperabilität von Web Services. Sie betreffen zum einen die technische Ebene, welche die Kommunikation von Web Services definiert und zum anderen die semantische Ebene, welche Inhalt und Struktur der kommunizierten Geschäftsdaten definiert. Für beide Ebenen haben sich bereits Standards herauskristallisiert bzw. werden z.Zt. Standards definiert oder weiterentwickelt.

3.1 Technische Standards

Mit Ausnahme der Standardisierung von UDDI werden nahezu alle technischen Standards für Web Services vom W3C (World Wide Web Consortium) vorangetrieben. Diese, 1994 etablierte Organisation, verfolgt die- Zielsetzung, die Potentiale des WWW durch die Definition von einheitlichen Standards zu entfalten. Das W3C konzentriert sich dabei weitestgehend auf horizontale, d.h. branchenübergreifende und somit meist technische Standards wie XML, SOAP und WSDL. Erst im Oktober 2003 wurde eine Interessengruppe gegründet, die sich mit der Integration semantischer (hier: betriebswirtschaftlicher) Aspekte, wie sie z.B. ebXML bietet, in die technischen W3C Standards beschäftigt [W3C2003j]. Ein Überblick über die für Web Services relevanten Standardisierungsaktivitäten des W3C findet sich unter [W3C2003c].

Das Zusammenwirken der genannten Web Services Standards geht aus dem folgenden Schichtenmodell für Web Services hervor:

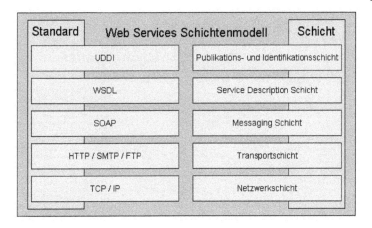

Bild 3: Schichtenmodell für Webservices [in Anlehnung an UDD2002a, S.4; Knut2002, S.97; Siem2003]

Die Web Services Standards SOAP, UDDI und WSDL werden im Folgenden vorgestellt. Da sie alle auf der Metasprache XML aufsetzen, wird eine kurze Beschreibung von XML vorangestellt.

3.1.1 XML

XML ist eine moderne Metasprache, die aus SGML (Standardized General Markup Language) hervorgegangen ist. XML erlaubt den Austausch von strukturierten Nachrichten über das Internet, die validierbare Beschreibung von Dokumentenstrukturen und dient darüber hinaus als Basis für eine Reihe von Anwendungen, die als XML Co-Standards definiert sind und das praktische Einsatzspektrum von XML massiv erweitern. Hierzu gehören bspw.

- XSL (eXtensible Stylesheet Language) zur grafischen Aufbereitung von XML Dokumenten,
- XSLT (eXtensible Stylesheet Language Transformation) zur Konvertierung des XML Dokuments in andere Formate, wie HTML (bzw. XHTML: eXtensible Hypertext Markup Language),
- XPath zur Adressierung / Navigation in XML Dokumenten,
- SOAP zur Durchführung von Funktionsaufrufen,
- und schließlich auch Web Services.

XML Nachrichten bestehen aus einer Deklaration, einer Typendefinition und einem Inhalt. Die Deklaration definiert ein Dokument als XML-Dokument und legt die

Codierung fest. In einer DTD (Document Type Definition) oder einem XML Schema wird die semantische Struktur des Dokuments oder einer Klasse von Dokumenten definiert. Diese Definition muss nicht Bestandteil der XML Nachricht sein, sondern kann auch, wie im Beispiel unten, über eine Referenz (URL) als externes DTD bzw. XML Schema angezogen werden. Der Inhalt (Geschäftsdaten) schließlich wird als Werte den im DTD oder Schema definierten Elementen und Attributen zugeordnet und repräsentiert eine Instanz des XML Dokuments. Das folgende Beispiel einer XML Nachricht könnte Artikeldaten der Impuls-Schuh-AG enthalten:

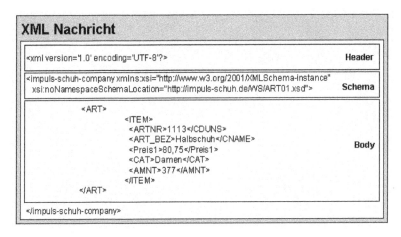

Bild 4: Struktur einer XML Nachricht

Die Standardisierung von XML wird durch das W3C im Rahmen eines vorgegebenen Standardisierungsprozesses [W3C2003a] vorangetrieben. Die aktuelle XML Spezifikation des W3C ist XML 1.0 (First Edition), mittlerweile liegt jedoch bereits die 2. Version (XML 1.0 Second Edition) als W3C Recommendation vor [W3C2003b].

3.1.2 SOAP

SOAP ist, simpel gesprochen, die „Umsetzung des RPC Paradigmas auf die Webtechnologie" [Knut2002] und erlaubt analog zu RPCs den Aufruf von Funktionen und die Übergabe von Parametern über Rechner- und Netzwerkgrenzen hinweg. SOAP repräsentiert die Messaging Schicht des Web Services Schichtenmodells und ist somit dessen wichtigstes Protokoll.

Die für den entfernten Funktionsaufruf notwendigen Informationen (aufzurufenden Methode, Eingabe- und Ausgabeparameter) werden als XML Nachricht kodiert. Die Übermittlung erfolgt über das Standard Internet Protokoll HTTP oder alternativ über SMTP oder FTP.

Eine SOAP Nachricht über HTTP besteht demzufolge aus folgenden Elementen.

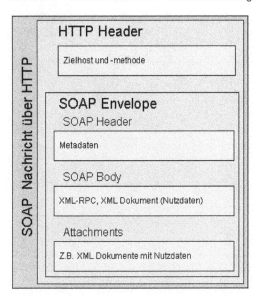

Bild 5: Struktur einer SOAP Nachricht über HTTP (SOAP with Attachments)

Der HTTP Header beinhaltet den Zielhost und den aufzurufenden Service (SOAPAction). Letzteres ist ein Vorteil, da der aufgerufene Service nicht erst den SOAP Envelope öffen muss, um zu sehen, wie die Nachricht verarbeitet werden muss. Der SOAP Envelope enthält einen optionalen Header, der Metadaten, wie z.b. eine Transaktions-ID oder weitere, optionale Attribute enthalten kann. Der Body der Nachricht enthält einen Methodenaufruf in XML (XML-RPC) und / oder eine XML Nachricht als Payload, die auch in Form von Attachments in den SOAP Envelope eingebunden werden können.

SOAP Nachrichten sind eigentlich Einwegnachrichten, die jedoch meist als sog. Request / Response Paare eingesetzt werden. Ein SOAP Request sendet eine Anfrage an einen Web Service, der diese mit einer SOAP Response beantwortet. Um eine korrekte Zuordnung von Request und Response Informationen zu gewährleisten, müssen bzgl. der Datenstruktur Konventionen eingehalten werden. Das folgende Beispiel zeigt einen SOAP Request (modelliert als Verfügbarkeitsprü-

fung für einen Artikel über einen Web Service der Impuls-Schuh-AG) und die entsprechende SOAP Response. Die Rückgabeinformation in der Response Nachricht wird dabei meist an die Requestmethode angehängt:

SOAP Request

```
<?xml version="1.0" encoding="UTF-8"?>
<SOAP-ENV:Envelope
    xmlns:SOAP-ENC="http://schemas.xmlsoap.org/soap/encoding/"
    SOAP-ENV:encodingStyle="http://schemas.xmlsoap.org/soap/encoding/"
    xmlns:SOAP-ENV="http://schemas.xmlsoap.org/soap/envelope/"
    xmlns:xsi="http://www.w3.org/1999/XMLSchema-instance"
    xmlns:xsd="http://www.w3.org/1999/XMLSchema">
<SOAP-ENV:Body>
        <namesp1:GetAvailability xmlns:namesp1=„urn.impuls-schuh.WS.GetAvailability">
        <c-gensym3 xsi:type="xsd:string">44233</c-gensym3>
        </namesp1:GetAvailability>
</SOAP-ENV:Body>
</SOAP-ENV:Envelope>
```

SOAP Response

```
<xml version='1.0' encoding='UTF-8'?>
<SOAP-ENV:Envelope
    xmlns:SOAP-ENV="http://schemas.xmlsoap.org/soap/envelope/"
    xmlns:xsi="http://www.w3.org/2001/XMLSchema-instance"
    xmlns:xsd="http://www.w3.org/2001/XMLSchema">
<SOAP-ENV:Body>
        <ns1:GetAvailabilityResponse xmlns:ns1=„urn.impuls-schuh.WS.GetAvailability"
        SOAP-ENV:encodingStyle="http://schemas.xmlsoap.org/soap/encoding/">
        <return xmlns:ns2="http://xml.apache.org/xml-soap" xsi:type="ns2:Vector">
        <item xsi:type="xsd:string">440</item>
        </return>
        </ns1:GetAvailabilityResponse>
</SOAP-ENV:Body>
</SOAP-ENV:Envelope>
```

Bild 6: SOAP Request und Response Paar

Als Transportprotokoll benutzt SOAP HTTP (bzw. SMTP oder FTP). SOAP Aufrufe werden dadurch von Firewalls als HTTP Stream identifiziert, den sie durch den i.d.R. freigeschalteten HTTP Port 80 durch die Firewall passieren lassen. Dies erleichtert die flexible und unternehmensübergreifende Kommunikation erheblich, da nicht extra spezielle Ports auf der Firewall freigeschaltet werden müssen.

Wie XML fällt auch SOAP in den Standardisierungsbereich des W3C. SOAP liegt derzeit in der Spezifikation 1.2 als W3C Recommendation (Standard) vor [W3C2003d].

3.1.3 UDDI

UDDI ist ein globales, branchenübergreifendes Web-Service Directory, das die Publikation (Registrierung) und Abfrage von Unternehmen und deren Web Services

unterstützt. Damit geht der Ansatz von UDDI über die konventionellen Firmenverzeichnisse hinaus. UDDI beschreibt nicht nur Unternehmen, sondern auch, wie man mit diesem Unternehmen (elektronische) Geschäftsbeziehungen etablieren kann.

So fungiert UDDI als eine Art von Meta Web Service, der Informationen über Unternehmen und die von Ihnen angebotenen Web Services bereitstellt.

Der Kern des UDDI Directories repräsentieren die Business Descriptions, die ein Unternehmen und dessen Web Services beschreiben. Business Descriptions werden in Form einer XML Nachricht beschrieben und über SOAP an den UDDI Web Service übertragen. Konzeptionell besteht die Business Description aus drei Teilbereichen [UDD2002a, S.2]:

White Pages	Grundlegende Informationen über das Unternehmen: • Unternehmensname • Mehrsprachige Beschreibung • Kontakte (Namen, Telefon, Fax, E-Mail, Website) • weitere Identifizierungsattribute (z.B. DUNS Nr., Markennamen u.ä.)
Yellow Pages	Kategorisierung der Geschäftstätigkeit / Branche des Unternehmens (nach 3 Schlüsseln): • Branche: NAICS • Produkt / Service: UN/SPSC (ECMA) • Geographischer Code
Green Pages	Referenzen zu Web Service Spezifikationen bzgl. • Geschäftsprozessen • Web Service Beschreibungen • Bindungsinformationen (zum Aufruf des Web Services) • Weitere technische Informationen zu o.g. Bereichen

Bild 7: Aufbau einer UDDI Business Description

Um die zentralen Aufgaben des UDDI, Registrieren und Auffinden von Unternehmen und Web Services, zu unterstützen, bietet der UDDI Web Service zwei APIs (Application Programming Interfaces), die verschiedene Methoden bereitstellen [UDDI2002, S.7f]:

- Publishing API: Dieser API ermöglicht das Erstellen, Ändern (jew. save_xx) und Löschen (delete_xx) von Business Descriptions. Mit den Methoden save_business und save_service bzw. delete_business und delete_service können die entsprechenden UDDI Einträge angelegt, geändert bzw. gelöscht werden. Da diese Methoden nur vom jeweiligen, eintragenden Unternehmen aufgerufen werden dürfen, verfügt dieser API über entsprechende Authetifizierungsfunktionen (get_authToken, discard_authToken).

- Inquiry API: Dieser API stellt Methoden zum Finden (find_xx) und Abrufen (get_xxdetail) von Informationen über Unternehmen und deren Web Services aus dem UDDI zur Verfügung. Mit den Funktionen find_business oder find_service können geeignete Unternehmen oder Web Services identifiziert werden. Mit get_businessDetail oder get_serviceDetail können dann vom Service Requestor Detailinformationen angefordert werden. Eine Authentifizierung ist nicht notwendig, da die Informationen öffentlich zugänglich sind.

Folgendes Beispiel zeigt den Aufruf des Inquiry APIs mit der Methode find_business (Parameter: Impuls-Schuh-AG):

SOAP Anfrage am UDDI Inquiry API

```
<?xml version="1.0" encoding="UTF-8"?>
<find_businesses generic="2.0 xmlns="urn:uddi-org:api_v2"">
    <findQualifiers>
        <findQualifier>exactNameMatch</findQualifier>
    </findQualifiers>
    <name>Impuls-Schuh-AG</name>
</find_businesses>
```

Bild 8: Syntax einer SOAP Anfrage am UDDI Inquiry API

UDDI ist zwar logisch ein Service, physisch aber auf mehrere sog. Nodes (Websites) verteilt, die z.b. von Microsoft, Sun, SAP, IBM u.a. betrieben werden. Unternehmen, die sich bei UDDI registrieren oder Informationen abrufen wollen, tun dies kostenfrei bei einer dieser Nodes über die oben beschriebenen, standardisierten APIs und Methoden. Die Auswahl einer Node kann im Rahmen des Registrierungsprozesses getroffen werden. Wird lokal auf einer Node ein Eintrag verändert, werden die anderen Nodes informiert. Die übrigen Nodes holen sich die geänderten Einträge und aktualisieren ihre lokale Registry. Auf Tagesbasis werden die Einträge repliziert, so dass ständig alle Nodes mit aktuellen Business Descriptions versorgt werden [RaVo2002, S. 306]. Dafür stellen die Nodes einen API zur Verfügung, der die Replikation unterstützt. Dieser API beinhaltet Methoden zur Kommunikation von Änderungen (notify_ChangeRecordsAvailable), zum Anfordern der Änderung (get_ChangeRecords) und zur Änderung der Business Description auf der entsprechenden Node (changeRecord). Diese Methoden werden über SOAP Nachrichten angesprochen.

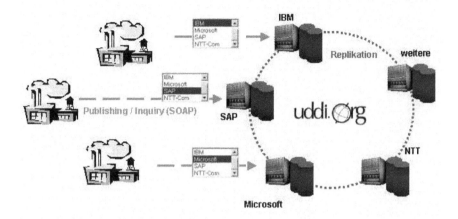

Bild 9: UDDI.org Struktur

Die hinter dem UDDI Directory stehende Organisation UDDI.org geht auf eine, im Jahr 2000 ins Leben gerufene, Initiative von Microsoft, IBM und Ariba zurück, der sich mittlerweile zahlreiche renommierte Unternehmen, z.b. Intel, SAP, Dell, American Express, Boing, Ford, Sun und Hewlett Packard angeschlossen haben. UDDI.org treibt die Weiterentwicklung von UDDI eigenständig voran. Die Standardisierung erfolgt durch OASIS (Organization for the Advancement of Structured Information Standards) im Rahmen eines dem W3C Standardisierungsprozesses sehr ähnlichen Ablaufs [OAS2003a] auf Basis einer durch UDDI.org vorgelegten Committee Specification. Die UDDI Spezifikation ist in der aktuellen Version 3 [UDD2002b] verfügbar.

3.1.4 WSDL

Damit Web Services maschinell, d.h. durch andere Web Services auffindbar und ansprechbar sind, werden sie in WSDL, einer einheitlichen, XML basierten Konvention, beschrieben. WSDL ist damit ein XML Dialekt. Die Beschreibung eines Web Services enthält Informationen darüber, was ein Web Service tut, welche Funktionen er bereitstellt und wo er zu finden ist [Knut2002, S. 112].

Ein WSDL Dokument beschreibt einen Web Service als sog. Kommunikationsendpunkt (Port) in Form einer abstrakten und einer konkreten Definition. Die abstrakte Definition gibt vor, welche Datentypen (*types*) verwendet werden, welche Nachrichten kommuniziert werden (*messages*) und welche Operationen einschließlich Parametern angeboten werden (*portType*). In der konkreten Definition wird der

Kommunikationsendpunkt (*service*) als Adresse festgelegt und spezifiziert, mit welchem Protokoll dieser Service angesprochen werden muss (*binding*):

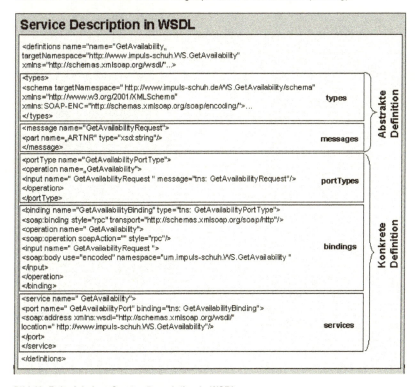

Bild 10: Beispiel einer Service Description in WSDL

- *Definitions* ist das Wurzelement des WSDL Dokuments. Um Konflikte mit gleichnamigen Elementen anderen Ursprungs zu vermeiden, wird hier der Namensraum für alle im Dokument enthaltenen Elemente festgelegt.

- Das Element *types* ist bei der Verwendung einfacher Datentypen optional und wird i.d.R. verwendet, um komplexe Datentypen zu definieren. Im Beispiel wird auf ein externes Schema referenziert, das die entsprechenden Datentypen enthält.

- *Messages* legt fest, welche Nachrichten zwischen Service Broker und – Requestor ausgetauscht werden. Messages bestehen aus *Parts*, die festlegen, welche Parameter bei einem Funktionsaufruf vom Service Requestor mitgegeben bzw. als Rückgabewert vom Service Broker zurückgegeben

werden. Im Beispiel wird für die Verfügbarkeitsanfrage. eine Artikelnummer (ARTID) übergeben.

- *PortTypes* spezifiziert die möglichen Operationen des Web Service. Das untergeordnete Element Operation bezieht sich auf eine einzelne Operation einschl. Input- und Outputnachricht. Grundsätzlich sind folgende Möglichkeiten gegeben:

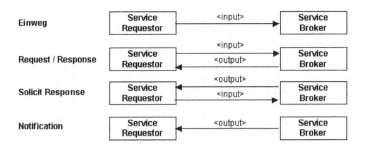

Bild 11: Mögliches Kommunikationsverhalten von Web Services

Für die Verfügbarkeitsabfrage im Beispiel wäre eine Request / Response Operation mit der Artikelnr. als Input und der verfügbaren Menge als Output angemessen. (Response Nachricht und Operation sind aus Platzgründen im Beispiel nicht modelliert).

- *Binding* legt für jede Operation eines *PortTypes* fest, mit welcher Kodierung und welchem Protokoll (z.B. SOAP) sie angesprochen werden kann.

- Das *Service* Element beschreibt die Kommunikationsendpunkte (Zieladressen) des Web Service als eine Menge von *Ports*. Für jeden Port wird spezifiziert, welches Binding benutzt werden soll und unter welcher Adresse er zu erreichen ist.

- Darüber hinaus sind häufig weitere, optionale Elemente zu finden. *Documentation* erlaubt die menschlich lesbare Beschreibung des Web Services. Das Element *Import* importiert ein weiteres WSDL Dokument oder ein XSD Schema.

Mit diesen Elementen wird ein Web Service in Form einer Service Description beschrieben. Wie in *Bild 2: Web Service Architektur* beschrieben, kann diese Service Description bei UDDI registriert und veröffentlicht werden. Ein Service Requestor, der im UDDI nach einem geeigneten Web Service sucht, kann den Web

Service auffinden und sich über den Inquiry API alle notwendigen Informationen besorgen, um auf den Web Service zuzugreifen.

Soweit ein durchdachtes Konzept. Doch an diesem Ablauf lässt sich auch das Defizit von WSDL ausmachen. WSDL enthält nämlich keine semantische Beschreibung des Web Service, wenn man vom *Documentation* Element, das nicht oder nur sehr schwer maschinell auswertbar ist, einmal absieht. Am obigen Beispiel kann zwar abgeleitet werden, dass der Web Service eine Verfügbarkeitsabfrage unterstützt, nicht aber, auf welche semantische Information sich diese Abfrage stützt. Die Service Description spezifiziert etwa nicht, ob die als Input Parameter zu liefernde Artikelnr. die des Kunden, des Herstellers oder eine anders geartete Nummernsystematik wie z.b. EAN (European Article Number) repräsentiert: „While the service description represents a contract governing the mechanics of interacting with a particular service, the semantics represents a contract governing the meaning and purpose of that interaction." [W3C2003e]

WSDL ist darüber hinaus nicht in der Lage, komplexe Request / Response Interaktionen abzubilden oder mehrere Web Services zu einem Flow zusammenfassen (orchestrieren). Auch die Darstellung von zustandsbehafteten Web Services ist nicht möglich. Gerade bei komplexen Geschäftsprozessen, die durch mehrere Web Services unterstützt werden, wäre dies ein großer Vorteil. Der relativ junge Standardisierungsansatz mit WSCI (Web Services Choreography Interface) könnte hier Abhilfe schaffen. WSCI setzt auf WSDL auf und ermöglicht eine weitergehende Beschreibung von zustandsbehafteten und zusammengesetzten Web Services. WSCI befindet sich noch in einer recht frühen Phase und besitzt derzeit den Status eines W3C Working Drafts [W3C2003f].

3.2 ebXML – Mehrwert durch Semantik

Zur detaillierten Beschreibung von Geschäftsprozessen auf einer semantischen Ebene sind die bislang vorgestellten Standards nicht ausreichend. WSDL könnte theoretisch zwar um semantische Elemente erweitert werden, die Entwicklung geht jedoch in eine andere Richtung.

Bereits in den 70er Jahren wurde mit EDI (Electronic Data Interchange) ein Versuch unternommen, einen breiten Standard für die elektronische Kommunikation zwischen Unternehmen zu schaffen. Die Erwartungen wurden jedoch enttäuscht – EDI hat sich bis heute in der Masse nicht durchsetzen können, insbesondere nicht im Segment kleinerer und mittelständischer Unternehmen. Gründe hierfür sind neben hohen Implementierungs- und Wartungskosten auch die vielen, teilweise

inkompatiblen Unterformate (Subsets) und die fehlende Erweiterbarkeit (z.B. nur Textdaten, keine Binärdaten für multimediale Formate). Darüber hinaus bestehen neben den 1985 von der UN zertifizierten EDI Standards noch weitere, branchenspezifische Standards wie z.b. ODETTE für die europäische bzw. VDA für die deutsche Automobilindustrie oder ANSI.X12 für die amerikanische Industrie. Ein Unternehmen, das in mehreren Branchen und Regionen aktiv ist, müsste demnach mehrere Standards unterstützen.

Basierend auf diesen Erkenntnissen wurden Initiativen ins Leben gerufen, die neben technischen auch semantische Beschreibungsmöglichkeiten beinhalten. Stellvertretend für weitere Ansätze wie xCBL (XML Common Business Library) von CommerceOne, cXML (Commerce eXtensible Markup Language) von Ariba oder Microsofts BizTalk [für eine Überisct vgl. FRAN2001] soll im folgenden der von OASIS und UN/CEFACT (United Nations Centre for Trade Facilitation and Electronic Business) seit 1999 propagierte Standard ebXML (Electronic Business eXtensible Markup Language) vorgestellt werden.

"EbXML is a modular suite of specifications that enables enterprises of any size and in any geographical location to conduct business over the Internet" [ebX2003a]. EbXML soll so ein weltweit einheitliches, technisches und semantisches Framework darstellen, das die Nutzung von XML und Internet für die Anbahnung und Abwicklung von Geschäftsbeziehungen ermöglicht. EbXML stützt sich teilweise auf die erwähnten XML Standards des W3C und fügt diesen eine weitere Stufe der Standardisierung durch die Berücksichtigung semantischer Aspekte hinzu. Die Kompatibilität mit bereits bestehenden, semantischen Standards (z.B. EDI) ist dabei gewährleistet [ebX2003f]. EbXML selbst definiert jedoch keine Prozesse oder Nachrichten, sondern lediglich den Prozess, wie solche Definitionen zu Stande kommen.

Das folgende Schaubild verdeutlicht die Gliederung des ebXML Frameworks in eine semantische und eine technischen Ebene:

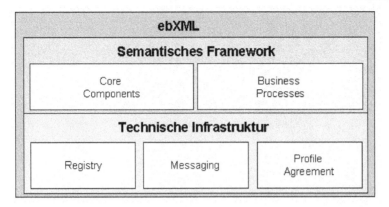

Bild 12: ebXML Framework [in Anlehnung an ebXML2003c]

- Core Components sind quasi das Fundament der semantischen Standardisierung. Sie definieren wiederverwertbare Datenkomponenten (z.B. Kernprozesse, Datenstrukturen für Adressen etc.) auf die bei der Entwicklung und Implementierung von ebXML zurückgegriffen werden kann. Core Components sind Kontext spezifisch, d.h. sie beziehen sich auf bestimmte Branchen, Produkte oder Regionen. Die ebXML Kernkomponenten Spezifikation stellt eine Methodologie zur semantischen Definition solcher Komponenten bereit [ebX2003g] und soll die Wieder- und Weiterverwendbarkeit dieser Komponenten garantieren.

- Business Process Specification: Zur Beschreibung der Geschäftsprozesse eines Unternehmens werden alle Rollen, Transaktionen, Daten und Interaktionen, die in diesen Geschäftsprozessen auftreten, nach der ebXML Konvention in Form des Business Process Specification Schema (BPSS [ebX2003e]) modelliert. BPSS ist eine Untermenge der standardisierten Modellierungsmethodologie UN/CEFACT Modelling Methodology (UMM [ebX2003d]).

- Collaboration Protocol Profiles (CPP) / Agreements (CPA): Das CPP enthält Informationen über „die Fähigkeiten eines Partners, sich im eBusiness mit anderen Partner zu beteiligen" [ebXML2003c]. Es definiert die von einem Unternehmen unterstützten Geschäftsprozesse (durch Referenz auf das entsprechende BPSS) und technischen Standards, z.B. die unterstützten Transportprotokolle, Netzwerkadressen etc. Insofern ist es ungefähr vergleichbar mit der WSDL Service Description. Um nun eine Handelsbeziehung zu etablieren, müssen die beteiligten Systeme der Handelspartner konfiguriert werden. Dies geschieht über ein maschinell oder manuell generiertes CPA, das

diejenigen Elemente der CPPs enthält, die bei beiden Handelspartnern identisch sind. Es repräsentiert damit eine Handelsvereinbarung zwischen den Partnern in Form eines XML Dokuments.

- Messages: Die eigentliche Information wird während des Geschäftsprozes-ses ist in Form einer XML Nachricht ausgetauscht. Der ebXML Messaging Service soll den verlässlichen und sicheren Austausch deser Dokumente sicherstellen. EbXML Messaging basiert auf SOAP, erweitert um Anhänge und Sicherheitsaspekte.

- Registry / Repository: Ähnlich dem UDDI stellt ebXML ein zentrales Reposi-tory zur Verfügung, in dem Unternehmensinformationen, die modellierten Geschäftsprozesse, CPPs, CPAs und Schemadefinitionen abgelegt und durchsucht werden können. Die Registry stellt diese Informationen in Form eines Registry Service zur Verfügung, über den alle Abfragen laufen.

Aus dieser Beschreibung könnte man vermuten, dass ebXML nicht nur eine Ergänzung, sondern vielmehr eine Konkurrenz für Web Services darstellen. Diese Vermutung ist in Teilen sicherlich korrekt, ebXML und Web Services ergänzen sich jedoch auch in weiten Teilen.

Mit dem Repository stellt ebXML eine auf den ersten Blick ähnliche Komponente zur Registrierung und Suche von Unternehmen und deren Services zur Verfügung, wie das UDDI Business Directory. Wie diese ebXML Repository Informationen in UDDI integriert werden können, ist bereits in einem ersten Ansatz spezifiziert worden [ebX2001]. Prinzipiell wird dazu ein ebXML Registry Eintrag als Service im UDDI registriert und kann so über den UDDI Inquiry API in einem ebXML Repository gefunden werden.

Für die Transportschicht sieht das ebXML Messaging ebenfalls SOAP vor, allerdings mit spezifischen Erweiterungen. Diese sollen z.B. die Übermittlung von binären Informationen in Form von Attachments (SOAP with Attachments [W3C2000]) gewährleisten. Darüber hinaus kann SOAP alleine nicht den verlässlichen Versand von Nachrichten sicherstellen, z.B, dass eine Nachricht nur einmal versandt worden ist und sicher angekommen ist (wenn man von komplexen Request / Response Modellen absieht). EbXML löst diese Problemstellung, indem die gesamte SOAP Nachricht in einen ebXML Umschlag verpackt (gewrappt) wird, der über das ebXML Messaging Konzept die Verläßlichkeit der Kommunikation sicherstellt.

Der Service selbst, dessen WSDL Service Description in UDDI registriert werden kann, müsste analog zur ebXML BPSS als Geschäftsprozess beschrieben und als

CPP in ebXML definiert werden. Das CPP enthält weitere, über die Service Description hinausgehende Informationen, z.b. bezüglich der Rolle einer Organisation in einem bestimmten Kontext und die auszutauschenden Geschäftsdaten, die zusätzlich modelliert werden müssen [IRAN01]. In genau diesen semantischen Informationen liegt jedoch der Mehrwert, den ebXML für Web Services bieten kann.

EbXML definiert nur den Prozess der Standardisierung semantischer Informationen, nicht jedoch die Geschäftsprozesse und –dokumente selbst. Da die ebXML Initiative noch relativ jung ist, sind spezifische Prozessmodelle und Nachrichtenformate in ebXML konformer Spezifikation erst im Entstehen begriffen. Der nun anstehende Standardisierungsprozess entspricht mehr oder weniger dem von EDI. Industriespezifische und -übergreifende Vereinigungen wie AIAG (Automotive Industry Action Group), OAGI (Open Applications Group, Inc.) oder RossettaNet sind gefordert, die entsprechenden semantischen Standards zu definieren. Hier zeichnet sich ab, dass das Interesse der Industrie an einer Standardisierung sehr groß ist – allerdings wird es mit zunehmender Zahl von Teilnehmern und deren spezifischen Interessen immer schwieriger, einen Standard zu etablieren [PSC2003].

Insbesondere OAGI und RosettaNet scheinen jedoch sehr vielversprechende Ansätze zu sein. OAGI hat mittlerweile eine Vielzahl von BOD (Business Object Documents) für diverse Branchen hervorgebracht, die den jeweiligen betriebswirtschaftlichen Kontext spezifizieren und auf ebXML [OAG2003a] bzw. auf den Web Service Standards aufsetzen [OAG2003b]. RosettaNet, ein Zusammenschluss von mehr als 400 IT-Firmen und Halbleiterherstellern, definiert für diese Branche eigene Dokumentenformate und Prozessbeschreibungen und nutzt für die Kommunikation ebenfalls die ebXML Standards, insbesondere das ebXML Messaging Framework.

3.3 Sicherheitsaspekte bei Web Services

Bei nahezu allen geschäftskritischen Internetanwendungen stellt sich die grundsätzliche Frage der Sicherheit. Geschäftpartner müssen authentifiziert werden und die Auslieferung und der Empfang der Information muss nachweislich stattfinden. Darüber hinaus muss sichergestellt werden, dass die Information nicht verändert oder ausgespäht werden kann. SOAP unterstützt diese Anforderungen nicht direkt, sondern lediglich über die darunter liegenden Protokolle. HTTPS (secure Hypertext Transport Protocol) ermöglicht etwa die Authentifizierung über Basic Authentication durch Übergabe von Benutzernamen / Kennwort und die Verschlüsselung über SSL (Secure Socket Layer). Weiter stellt sich die Frage, wie die Erbringung einer

Dienstleistung auch bei asynchroner Kommunikation und Einbindung von weiteren Webservices sichergestellt werden kann [BeWe2002, S.5].

Da SOAP die meist freigeschalteten Firewall Ports für HTTP und HTTPS (80 bzw. 443) ungehindert passieren kann, muss auch sichergestellt werden, dass von einer SOAP Kommunikation kein Sicherheitsrisiko für das Unternehmen ausgeht. Mit dem bisherigen Firewall Ansätzen ist dies jedoch nicht möglich [RaVo2002, S.300]. Unterm Strich sind die bislang existierenden Möglichkeiten deshalb nicht ausreichend.

Diesen Herausforderungen sollen neue Konzepte und im Entstehen begriffene Standards begegnen. Da Web Services eine Reihe von unterschiedlichen Technologien nutzen können und grundsätzlich plattform- und programmiersprachenunabhängig sind, können Sicherheitsaspekte nur ganzheitlich, d.h. in einem entsprechenden Framework behandelt werden. Ein solches Framework ist z.B. SAML (Security Assertion Markup Language). SAML ist eine XML basierte Beschreibungssprache, welche diese sicherheitskritischen Aspekte von Web Services adressieren soll. SAML beinhaltet den WS-Security Standard (Web Service Security), der XML Sicherheitsmechanismen wie die W3C Standards XML Encryption zur Verschlüsselung von XML Daten [W3C2003h], XML Digital Signatures zur Signatur von Nachrichten [W3C2003g] und das XML Key Managment System (XKMS) zur Verwaltung der digitalen Signaturen [W3C2003i] einsetzt.

Die Standardisierung von SAML unterliegt OASIS und befindet sich in einer frühen Phase. SAML liegt seit September 2003 als offizieller OASIS Standard in der Version 1.1 vor [OAS2003b].

Grundsätzlich ist die Situation im Bereich der Sicherheitsstandards mit komplementären, durch unterschiedliche Unternehmen und Organisationen vorangetriebenen Standardisierungsaktivitäten derzeit schwer überschaubar, was zu erheblichen Unsicherheiten bzgl. des Praxiseinsatzes führt. „Either way, standards bodies are working on security standards for Web services, but clearly need to do a better job of informing users about the status of their efforts" [Data2003].

Darüber hinaus bleibt abzuwarten, ob sich SAML gegen konkurrierende Ansätze wie Microsofts Passport durchsetzen kann und ob die reibungslose Integration von komplementären Standards zur Authentifizierung, Zugriffskontrolle und Rechteverwaltung, wie z.B. OASIS' XACML (eXtensible Access Control Markup Language), XrML (eXtensible Rights Markup Language) möglich ist [ZDN2003]. Konzeptionell sind hier zwar Standards definiert worden, die praktische Implementierung auf

breiter Basis wird jedoch erst zeigen müssen, wie handhabbar und interoperabel diese Standards wirklich sind.

4 Einsatzmöglichkeiten für Web Services

4.1 Einsatzfelder

Einsatzmöglichkeiten für Web Services bieten sich grundsätzlich überall dort, wo eine Kommunikation zwischen IT-Systemen hergestellt werden soll. Grundsätzlich kann hierbei differenziert werden, ob es sich um unternehmensinterne oder um IT-Systeme externer Partner handelt.

Darüber hinaus werden seit geraumer Zeit Überlegungen angestellt, Web Services nicht nur für die intermaschinelle, sondern auch für die Endbenutzerkommunikation einzusetzen.

4.1.1 Enterprise Application Integration (EAI)

Viele Unternehmen haben über die letzten 10 Jahre massiv in den Auf- bzw. Ausbau ihrer internen IT-Landschaften investiert und stehen nun vor einem Sammelsurium von IT-Systemen, wie z.b. ERP Systeme, CRM und SRM Applikationen und Web Anwendungen, um nur einige zu nennen.

Um die unternehmensinterne Kommunikation und Geschäftsprozessabwicklung über verschiedene Applikationen hinweg sicherzustellen, werden häufig sehr komplexe Integrationsprojekte initiiert. Aufgrund heterogener Betriebssysteme, Plattformen und Programmiersprachen der zu integrierenden Anwendungen sind solche klassischen Integrationsprojekte meist sehr aufwändig.

Ergänzend bzw. alternativ zu bestehenden Integrationsansätzen können Web Services im EAI Bereich als Middleware-Schicht zur Integration von heterogenen Systemen dienen [BeWe2002].

Wie erste praktische Erfahrungen beweisen, führen die breite Unterstützung durch IT-Hersteller und bereits etablierte Standards auf der technischen Ebene zu einer weitgehenden Herstellerunabhängigkeit. Anwendungen können einfacher entwickelt und integriert werden, was wiederum zu Kosteneinsparungen bei Entwicklung, Integration und Wartung von integrierten Systemlandschaften führt [Berle2003, S.49].

So bieten mittlerweile fast alle renommierten Hersteller von betriebswirtschaftlicher Standardsoftware Web Services (bzw. SOAP) fähige Produkte, wie z.B. den SAP

Web Application Server, an. Die Integration von heterogenen Systemen, wie beispielsweise eines Standard SAP R/3 System und der Siebel CRM Suite, ist über diese Schnittstellen wesentlich einfacher, als über konventionelle EAI Projekte, die heterogene Schnittstellen über komplexe Middlewareprodukte mit häufig applikations- oder gar implementierunsspezifischen Adaptern anbinden. Da die meisten Middlewareprodukte, wie z.b. der SAP Business Connector oder Web Methods B2Bi, mittlerweile Web Services unterstützen, ist der Investitionsschutz gewährleistet, indem bestehende Integrationsplattformen für Web Services Implementierungen herangezogen werden können.

EAI Projekte sind ein hervorragendes Feld um erste Erfahrungen mit Web Services zu sammeln und die bislang bestehenden Probleme beim praktischen Einsatz zu umgehen. Fragen bzgl. der semantischen Standardisierung von Geschäftsdaten und Servicebeschreibungen können unternehmensintern relativ einfach gelöst werden, da das Unternehmen seinen „internen Standard" autonom setzen kann und die Web Services unternehmensintern bekannt und spezifiziert sind. Im Prinzip kann deshalb auch von Standards wie UDDI oder WSDL abgesehen werden und die Nutzung der Web Service Technologien reduziert sich auf SOAP bzw. XML.

Darüber hinaus stellt sich die Sicherheitsfrage unternehmensintern nicht in dem Ausmaß, wie bei der unternehmensübergreifenden Kommunikation. Die Kombination von SOAP über HTTPS ist in den meisten Fällen völlig ausreichend.

4.1.2 Business to Business (B2B) Integration

Im Gegensatz zu EAI Projekten werden bei B2B Integrationen unternehmensübergreifend Systeme gekoppelt um den Datenaustausch mit Kunden, Lieferanten oder Marktplätzen zu ermöglichen. Die Anforderungen sind grundsätzlich ähnlich zu EAI Integrationsprojekten, im Detail jedoch wesentlich anspruchsvoller, z.b. hinsichtlich der strukturierten Beschreibung von Geschäftsprozessen und –inhalten und den zugrunde liegenden Sicherheitsanforderungen. [Berl2003, S.18].

Web Services können hier wie bei der EAI Integration eine hervorragende Alternative zu konventionellen Middlewareprojekten darstellen. Da anders, als bei der unternehmensinternen Kommunikation, flexible (d.h. lose) Kopplungen aufgrund sich neu ergebender oder auflösender Geschäftsbeziehungen gefordert sind, muss die fallweise Koppelung der involvierten IT-Systeme möglich sein. Web Services sind hierfür ein wesentlich geeigneteres Mittel, als die starren, aufwändigen und auf Dauer ausgelegten Schnittstellenintegrationen über konventionelle B2B Middlewa-

reprodukte. Bestehende Middleware Implementierungen können wie im EAI Bereich auch für die B2B Integration über Web Services genutzt werden.

Besonders nachteilig wirken sich im B2B Bereich die bislang entweder fehlenden oder nicht etablierten Standards für die semantische Beschreibung von Web Service Geschäftsprozessen und –daten aus. Anders als im EAI Bereich müssen diese im B2B Bereich mit den externen Partnersystemen auf technischer und semantischer Ebene kompatibel sein, was entweder einen etablierten Standard oder die fallweise Abstimmung mit dem Kommunikationspartner erforderlich macht. Letzteres kann dazu führen, dass die durch Web Services angepeilte, lose und damit flexible Koppelung der Systeme zwar auf technischer Ebene möglich ist, jedoch aufgrund einer fehlenden semantischen Kommunikationsvereinbarung nicht oder nur durch Anpassung des Web Service realisiert werden kann. Aufgrund dessen sind Web Services zum aktuellen Zeitpunkt eher für bestehende, einigermaßen stabile Geschäftsbeziehungen geeignet.

Ein weiteres Problemfeld ist Sicherheit von Web Services. SOAP kann über HTTPS Sicherheitsmechanismen tiefer liegender Protokollschichten nutzen und so eine sichere Kommunikation auf Protokollebene etablieren. Einen Schritt weiter geht der WS-Security Standard, der die digitale Signatur und XML Encryption mit SOAP verbindet. Weitergehende, integrative Sicherheitskonzepte, die, wie z.B. SAML, auch Authentifizierung, Zugriffs- und Rechteverwaltung beinhalten, befinden sich jedoch in einem sehr frühen Spezifikationsstadium und haben ihre praktische Funktionsfähigkeit noch nicht unter Beweis gestellt.

Fehlende semantische Standards und nicht ausgereifte bzw. validierte Sicherheits-konzepte stehen der breiten Anwendung von Web Services im B2B Bereich derzeit entgegen.

4.1.3 Business to Consumer (B2C) Interaktion

Obwohl Web Services konzeptionell für die maschinelle Interaktion konzipiert sind, werden Überlegungen angestellt, wie sie als Dienstleistungen für menschliche Benutzer adaptiert werden können. Dies hat den großen Vorteil, dass für die maschinelle und endnutzerbezogene Interaktion ein und derselbe Web Service herangezogen werden kann.

Dazu müssen Web Services jedoch Schnittstellen bieten, die eine Interaktion mit dem Benutzer ermöglichen, möglichst über verschiedene Ein-, bzw. Ausgabeme-

dien, wie Bildschirm, Handy-Display, Sprachsteuerung etc. Dadurch würden diverse Einsatzmöglichkeiten im B2C Bereich eröffnet.

So könnte z.b. ein Reisebüro einen Web Service anbieten, der dem Endnutzer bei verschiedenen Fluggesellschaften Angebote für seine Reisewünsche einholt und unterbreitet. Auf der einen Seite benötigt dieser Web Service ein Endbenutzerschnittstelle, z.b. über ein Webfrontend oder einen WAP (Wireless Application Protocol) Zugang, auf der anderen Seite muss der Web Service entsprechende Dienste der Fluggesellschaften maschinell identifizieren, binden und abfragen.

Einen entsprechenden Ansatz stellt die WSUI (Web Services User Interface) Spezifikation dar, die sich jedoch in einem sehr frühen Reifestadium befindet und kein anerkannter Standard, sondern eine proprietäre, von Epicentric getriebene Initiative ist. WSUI beschreibt, wie Web Services als Endbenutzeranwendungen in HTML Seiten integriert werden können. Ein weiterreichender Ansatz ist die von IBM initiierte WSXL (Web Service Experience Language) Spezifikation, ein komponentenbasiertes Modell für interaktive Webanwendungen, das auf die Bereitstellung von Web Services über diverse Endbenutzermedien abzielt.

Mit beiden Ansätzen beschäftigt sich OASIS im Rahmen des Web Service Interactive Applications Technical Committees, so dass auch in diesem Bereich erste Standardisierungskativitäten entstehen [OAS2003c].

4.2 Praxisbeispiel Impuls-Schuh-AG

Für die Impuls-Schuh-AG bieten sich grundsätzliche Überlegungen zur Nutzung vom Web Services in allen oben beschriebenen Bereichen an. Aufgrund des niederen Reifegrades von B2C Web Service Anwendungen und der unterstellten, geringen Bedeutung des Endkundengeschäfts für das Unternehmen, sollen Überlegungen im Folgenden auf die Bereiche EAI und B2B beschränkt werden.

Im EAI Bereich können Web Service Technologien für die Impuls-Schuh-AG eine denkbare Alternative zur Integration ihrer Anwendungssysteme darstellen. Da das vom Unternehmen eingesetzte SAP R/3 System bzw. Zusatzkomponenten, wie der SAP Web Application Server, der SAP Business Connector oder seit neuestem SAP XI (eXchange Infrastructure) mittlerweile SOAP und weitere Web Service Standards unterstützen, können Web Service Implementierungen auf einer bestehenden Plattform durchgeführt werden und der Investitionsschutz bleibt gewährleistet. Damit lassen sich Web Services in die bestehende IT Landschaft der Impuls-Schuh-AG integrieren.

Entsprechende Projekte sollten sich schwerpunktmäßig auf die Integration von heterogenen non-SAP Applikationen untereinander oder mit dem SAP R/3 System beziehen. Für die bereits erfolgte Integration von weiteren SAP Systemen in den Landesgesellschaften der Impuls-Schuh-AG sind Web Services (derzeit) keine geeignete Alternative. Zum einen sind die Web Service Implementierungen von SAP noch nicht durchgängig in alle Module und Produkte integriert, zum anderen bietet SAP hier geeignete, konventionelle Methoden, wie IDOCs (Intermediate Documents) über ALE (Application Link Enabling).

Ein denkbares Einsatzszenario würde die Anbindung des Webshops der Impuls-Schuh-AG an das Vertriebs- bzw. Materialwirtschaftsmodul des SAP R/3 Systems zur automatischen Abfrage von Verfügbarkeiten oder der Einbuchung von Bestellungen darstellen. Dafür müsste die ATP- (Available to Promise) bzw. Verbuchungsroutine z.B. über den SAP Business Connector als Web Service implementiert werden. Dies kann erfolgen, indem auf dem SAP Business Connector ein über SOAP aufrufbarer Service implementiert wird, der den enstprechenden BAPI des SAP R/3 Systems aufruft.

Bei einer Verfügbarkeitsabfrage oder einer Internet Bestellung über den Webshop der Impuls-Schuh-AG könnte der Webshop als Service Requestor den Web Service zur ATP-Abfrage bzw. Verbuchung über SOAP auf dem SAP Business Connector ansprechen. Idealerweise werden diese Web Service als synchrone SOAP Request / Response Operation implementiert, da entsprechende Werte für die Verfügbarkeitsabfrage zurückgeliefert werden müssen bzw. sichergestellt werden muss, dass die Verbuchung auch wirklich stattgefunden hat.

Unter dem Aspekt der Wiederverwertbarkeit können diese Web Services auch im B2B Bereich eingesetzt werden. Denkbar ist z.B., dass der Web Service zur Verfügbarkeitsabfrage auch durch externe Kunden der Impuls-Schuh-AG genutzt werden kann, um in Erfahrung zu bringen, ob und wann ein bestimmter Artikel in welchen Stückzahlen lieferbar ist. Für die gegebenenfalls folgende Bestellung kann der Web Service zur Verbuchung von Kundenaufträgen eingesetzt werden. Umgekehrt kann ein Web Service zur Abfrage des derzeitigen Materialbestands durch Lieferanten neue Möglichkeiten auf der Beschaffungsseite eröffnen, z.B. zur Implementierung von VMI (Vendor Managed Inventory) Prozessen, bei denen Lieferanten selbständig Materiallieferungen anstoßen, wenn der Materialbestand unter die Bestellgrenze gefallen ist.

Bei all diesen Szenarien gilt zu berücksichtigen, dass möglichst weitreichende Standards mit Geschäftspartnern vereinbart werden müssen und dass die externe Kommunikation höheren Sicherheitsanforderungen genügen muss. Solange sich noch keine weitreichenden Standards auf semantischer Ebene herausdefiniert haben, ist die fallweise Abstimmung mit den Transaktionspartnern unerlässlich. Dies wiederum spricht dafür, Web Service im ersten Schritt nur dort einzusetzen, wo dauerhafte Geschäftsbeziehungen bestehen. Sind die Transaktionspartner vorab bekannt, ist auch das Sicherheitsproblem leichter handhabbar, z.B. über hart verdrahtete IP Adressen und digitale Serverzertifikate. Von einer losen Koppelung kann dann allerdings nicht mehr gesprochen werden.

Weiterhin empfiehlt es sich für die Impuls-Schuh-AG, im aller ersten Schritt lediglich informative und keine transaktiven Web Services anzubieten. Dies hieße konkret, dass die Web Services sich bspw. auf die oben erwähnten ATP- bzw. Materialbestandsabfragen beziehen, nicht jedoch auf Bestellfunktionalitäten, da hier im Missbrauchsfall ein wesentlich höheres Schadenspotential zu vermuten ist.

UDDI oder ebXML spielen in diesem familiären Kontext noch keine große Rolle. Dennoch scheint es sinnvoll, dass sich die Impuls-Schuh-AG auch mit diesen Technologien zu gegebener Zeit beschäftigt. Sind erste Web Services implementiert, kann durch entsprechende Entwicklungswerkzeuge (z.B. Altova XML Spy, GLUE, etc.) automatisch eine WSDL Beschreibung des Web Service erzeugt werden. Diese Service Description kann zusammen mit der Business Description der Impuls-Schuh-AG im UDDI veröffentlich werden. Alternativ können die Web Services über WSI auf der Webseite der Impuls-Schuh-AG oder über ein privates UDDI Directory [UDD2002c] publiziert werden. Eine Implementierung von ebXML scheint derzeit aus Sicht der Impuls-Schuh-AG verfrüht. Zum einen ist der Standard nicht marktweit etabliert, zum anderen baut er auf die Basistechnologien von Web Services auf, mit denen das Unternehmen erst einmal Erfahrungen sammeln muss.

5 Status Quo und Perspektiven

"The good thing about standards is that there are so many to choose from".

(Andrew S. Tanenbaum [Tane2002])

5.1 Status Quo

In den letzten drei Jahren hat sich der Begriff des Web Service als beständiges Thema in der IT Welt etabliert. Damit verbunden war und ist das alte Versprechen

der nahezu grenzenlosen Interoperabilität über Plattformen und Programmier-sprachen hinweg. Diesen, keineswegs neuen Versprechungen wurde anfangs mit einem hohen Maß an Skepsis begegnet, schließlich haben ältere Ansätze wie DCE, DCOM oder CORBA ähnliches versprochen, aber nie vollumfänglich gehalten.

Mittlerweile zweifelt kaum mehr jemand an der praktischen Relevanz von Web Services. In einer bereits 2002 von Cap Gemini, Ernest & Young durchgeführten Studie [CGEN2002] gaben 83% der befragten 170 Entscheider aus deutschen Unternehmen an, aktuell an bis zu fünf Web Service Projekten zu arbeiten. 32% der Befragten wollen Web Service spätestens in den nächsten beiden Jahren auf breiter Basis einsetzen. Zu einem ähnlichen Ergebnis kommt eine Studie des Softwareher-stellers Data Dircect Technologies [Data2003], nach der aktuell 67% der befragten 300 europäischen IT Führungskräfte in ihren Unternehmen an Web Services Projekten arbeiten. Eine Umfrage der Gartner Group unter amerikanischen IT Entscheidern [Gart2003] kommt sogar auf eine Quote von 92% der Befragten, die in laufenden und kurzfristig geplanten Integrationsprojekten Web Services einsetzen wollen.

Diese Zahlen muten äußerst hoch an und legen die Vermutung nahe, dass der Begriff Web Service von den Befragten sehr weitläufig interpretiert wird. Diese Vermutung wird durch die Umfrage von Gartner gestützt. Befragt nach den konkret zum Einsatz kommenden Technologien und Standards nannten 86% XML, 34% SOAP, 14% UDDI und lediglich 3% WSDL. Nimmt man SOAP als Minimumkompo-nente von Web Services, relativieren sich die Zahlen näherungsweise auf ein Drittel. Dementsprechend kann davon ausgegangen werden, dass die tatsächliche Zahl der aktuellen Web Service Projekte eher im Bereich von 20 bis maximal 30% liegt. Unklar ist auch, wie 14% der Grundgesamtheit UDDI für Web Service nutzen wollen, obwohl nur 3% WSDL zur Servicebeschreibung einsetzen. Da unwahrscheinlich ist, dass die übrigen 11% den wesentlich komplexeren ebXML Standard nutzen, kann vermutet werden, dass sich die UDDI Aktivitäten auf eine Business Description ohne Web Services beschränken. Als kleinster gemeinsamer Nenner kann jedoch festgehalten werden, dass sich ein substantieller Anteil der befragten Unternehmen konkret mit Basistechnologien und -standards von Web Services beschäftigt und diese mehrheitlich bis 2004 praktisch einsetzen wollen.

Dies verwundert nicht, schließlich haben Web Services in den vergangenen 1 ½ Jahren einen deutlichen Entwicklungsschritt vom vagen Konzept zu einem mittlerweile annähernd marktfähigen Standard gemacht. Standen Anfang 2002 außer den Basistandards SOAP, WSDL und UDDI in frühen Versionen und ersten

Referenzimplementierungen wenig greifbares zur Verfügung, sind mittlerweile eine Vielzahl von Implementierungen vorhanden, die mindestens Teile der Web Service Technologien dort pragmatisch einsetzen, wo sie die meisten Mehrwerte versprechen.

Analog zur oben beschriebenen Handlungsempfehlung für die Impuls-Schuh-AG setzen die meisten der befragten Unternehmen Web Service Technologien vorerst im EAI Bereich ein. Dies liegt nicht zuletzt daran, dass laut Cap Gemini und Data Direct mehr als 60% der Befragten nicht adressierte Sicherheitsbedenken als das Haupthemmnis für den Einsatz von Web Services betrachten. Darüber hinaus sehen mehr als die Hälfte der Befragten auch in Zukunft keine einheitlichen Standards für Web Services. Beide Bedenken spielen in der unternehmensinternen Integration eine tendenziell geringere Rolle, als in der B2B Integration.

5.2 Perspektiven

Schon im letzten Jahr hat sich gezeigt, dass sich der Fokus auf EAI Projekte zukünftig ändern wird. So berichtet Gartner in der oben erwähnten Studie von einer tendenziellen Verschiebung der Web Service Aktivitäten vom EAI in den B2B Bereich. Voraussetzung für den breiten Einsatz in der unternehmensübergreifenden Kommunikation ist jedoch, dass wahrgenommene Defizite bezüglich Standardisierung und Sicherheit zeitnah adressiert werden.

Mangelnde Standardisierung betrifft weniger die dargestellten technischen Kommunikationsstandards SOAP, WSDL oder UDDI, die mittlerweile einen hohen Reifegrad erreicht haben, sondern eher semantische Standards für die inhaltliche Beschreibung von Geschäftsprozessen und –daten. EbXML gilt hier zwar als Favorit, hat sich am Markt jedoch bislang nicht als de-Facto Standard etablieren können. Darüber hinaus definiert ebXML die letztendlichen Standards nicht, sondern gibt lediglich die Beschreibungsmethodik vor. Sicherlich können bestehende Ansätze der semantischen Beschreibung von Geschäftsnachrichten, wie sie z.B. im EDI Bereich vorhanden sind, genutzt und in ebXML implementiert werden. Zum einen ist jedoch EDI kein marktverbreiteter Standard und deckt bei weitem nicht alle Branchen und Transaktionen ab, zum anderen hilft EDI wenig bei der Standardisierung von Prozessbeschreibungen. In diesem Bereich ist deshalb noch viel Aufbauarbeit zu leisten und eine schnelle Standardisierung ist aufgrund der im EDI Bereich gesammelten Erfahrungen nicht zu erwarten.

Wahrgenommene Sicherheitsbedenken sind das stärkste Hemmnis für den Einsatz von Web Service im überbetrieblichen Bereich. Diese Wahrnehmung mag im Detail

grundsätzlich subjektiv und auf ein Informationsdefizit zurückzuführen sein. Dennoch kann diagnostiziert werden, dass bei allen Chancen der maschinellen Abwicklung von Geschäftsprozessen über Web Services auch Risiken bestehen. Diese dürfen nicht isoliert über SOAP, digitale Signaturen oder XML Encryption adressiert werden, sondern konzeptionell integrativ im Rahmen eines umfassenden Security Frameworks. Entsprechende Aktivitäten wie SAML befinden sich jedoch in einem sehr frühen Stadium und haben sich in der Praxis bislang nicht bewiesen.

Eine grundsätzliche Herausforderung für die Diffusion von Web Service in der Praxis ist ironischerweise, dass zu viel Standardisierung stattfindet. Neben dem W3C und OASIS beschäftigt sich eine Vielzahl mehr oder weniger proprietärer Initiativen mit der Spezifikation von potentiellen Web Service Standards. Das Problem ist absehbar – wie kann sichergestellt werden, dass all diese Standardisierungsaktivitäten zu etablierten und vor allem durchgängig kompatiblen Standards für Web Services führen? Ein erster Schritt ist mit der Gründung der Web Service Interoperability Group (WS-I) unternommen worden, die sich zum Ziel gesetzt hat, die Interoperabilität verschiedener Web Service Spezifikationen über die verschiedenen Standardisierungsansätze hinweg zu gewährleisten [WSI2003].

Inwieweit WS-I erfolgreich sein kann, bleibt abzuwarten. Zwar sind mittlerweile fast alle renommierten Standardisierungsorganisationen und IT-Unternehmen der Initiative beigetreten. Die Definition von Standards hat jedoch für Wirtschaftsunternehmen immer auch eine kommerzielle Dimension. Wer die eigene Konzeption als Standard etabliert oder zumindest den Standard so definiert, dass er mit den eigenen Konzeption kompatibel ist, sichert sich unbestritten Wettbewerbsvorteile. Aus dieser Perspektive heraus ist zu befürchten, dass auch das WS-I von Partikularinteressen dominiert werden wird. Mit einem kurzfristigen Durchbruch ist somit eher nicht zu rechnen.

Letztendlich zeigt sich auch hier, dass Standardisierung vor allem eines benötigt: Geduld! Die bislang erzielten Erfolge geben zur Hoffnung Anlass, dass über die nächsten zwei bis drei Jahre vor allem im Bereich Sicherheit bestehende Defizite durch eine umfassende Sicherheitsarchitektur adressiert werden. Fällt dieses Hemmnis weg, ist der Weg frei für den praktischen Einsatz, der auch der Standardisierung von betriebswirtschaftlichen Prozessen und Daten im Rahmen semantischer Standards Vorschub leisten wird.

Literatur

[Berl2003]	Wichmann, Thorsten; Quanz, Jochen: Basisreport Integration mit Web Services. Konzept, Fallstudien, Bewertung. Berlecon Research, Berlin 2003.
[BeWe2002]	Beimborn, Daniel; Weitzel, Tim; Wendt, Oliver; Mintert, Stefan: Infrastrukturen für neue Geschäftsszenarien. Johann-Wolfgang Goethe Universität Frankfurt, Frankfurt 2002.
[Bitz2002]	Bitzer, Frank: XML im Unternehmen: Briefing fürs IT-Management. Galileo Press, Bonn 2002.
[BuKö00]	Buxmann, Peter; König, Wolfgang; Fricke, Markus; Hollich, Frank; Diaz, Martin; Weber, Sascha: Zwischenbetriebliche Kooperationen mit mySAP.com. 2. Aufl., Springer, Berlin 2000.
[CGEN2002]	Cap Gemini Ernest & Young: Der Markt für Web-Services - Erwartungen, Treiber, Investitionsabsichten. Cap Gemini Ernest & Young, Berlin 2002. http://www.de.cgey.com/servlet/PB/show/1004690/07.16.02%20Studie%20Web-Services_G.pdf Abruf am 2003-12-22.
[Data2003]	Data Direct Technologies: European Web Services Report. Data Direct Technologies, Rockville 2003. http://www.datadirect-technologies.com/news/docs/EuropeanWebServicesReportJan03.pdf Abruf am 2003-12-22.
[ebX2001]	Using UDDI to find ebXML Reg / Reps. http://www.ebxml.org/specs/rrUDDI.pdf Abruf am 2003-12-22.
[ebX2003a]	ebXML.org: About ebXML. http://www.ebxml.org/geninfo.htm Abruf am 2003-12-22.
[ebX2003b]	ebXML: Zusammenarbeit. http://www.ebxml.eu.org/Deutsch/Zusammenarbeit.htm Abruf am 2003-12-22.
[ebX2003c]	ebXML.org: Die ebXML-Technologie. http://www.ebxml.eu.org/Deutsch/Die%20ebXML-Technologie.html Abruf am 2003-12-22.
[ebX2003d]	ebXML.org: UN/CEFACT Einheitliche Modellierungsmethodologie (UMM) http://www.ebxml.eu.org/Deutsch/UMM.htm Abruf am 2003-12-22.
[ebX2003e]	ebXML.org: Die Definition von Geschäftsprozessen. http://www.ebxml.eu.org/Deutsch/Geschäftsprozesse.htm Abruf am 2003-12-22.
[ebX2003f]	ebXML.org: Migration von EDI zu ebXML. http://www.ebxml.eu.org/Deutsch/Migration%20von%20EDI.htm Abruf am 2003-12-22.
[ebX2003g]	ebXML.org: Kernkomponenten. http://www.ebxml.eu.org/Deutsch/Kernkomponenten.htm Abruf am 2003-12-22.
[FiMa2003]	Fickert, Thomas; Mantzel, Kay: XML Web-Services: mehr als nur ein Trend: Eine Einführung zu Web-Services, SOAP, WSDL und UDDI. http://www.isis-specials.de/ebusiness/profile/1m993_tb_ws.htm, Abruf am 2003-12-22.

[FRAN2001]	Frank, Ulrich: Standardisierungsvorhaben zur Unterstützung des elektronischen Handels: Überblick über anwendungsnahe Ansätze. In: Wirtschaftsinformatik 43, S. 283-293. Vieweg. Wiesbaden 2001.
[Gart00]	Gartner Group, Inc.: ERP Is Dead - Long Live ERP II. Gartner Group, Inc., Stampford 2000.
[Gart03]	Gartner Group, Inc.: First Take. Gartner Surveys Show Web Services Are Entering the Mainstream. Gartner Group, Inc., Stampford 2003. http://www.gartner.com/resources/114500/114570/114570.pdf Abruf am 2003-12-22.
[HMD2003a]	HMD Praxis der Wirtschaftsinformatik: Gloassar zu Web Services. hmd.dpunkt.de/aktuell/glossar234.pdf, Abruf am 2003-12-19.
[IRAN01]	Irani, Romin: ebXML and Web Services: The Way to Do Business, Part 2, http://www.webservicesarchitect.com/content/articles/irani03.asp Abruf am 2003-12-22.
[Knut2002]	Knuth, Michael: Web Services – Einführung und Übersicht. Software & Support Verlag, Frankfurt 2002.
[OAG2003a]	OAG Inc.: OAGIS Implementation using the ebXML CPP, CPA and BPSS specification 1.0. http://www.openapplications.org/downloads/whitepapers/frameworks.htm Abruf am 2003-12-22.
[OAG2003b]	OAG Inc.: Web Services Working Group. http://www.openapplications.org/wg/WebServices.htm Abruf am 2003-12-22.
[OAS2003a]	OASIS.org: Section 3. Standards Approval Process. http://www.oasis-open.org/committees/committee_process.pdf Abruf am 2003-12-22.
[OAS2003b]	OASIS.org: OASIS Security Services TC. http://www.oasis-open.org/committees/tc_home.php?wg_abbrev=security Abruf am 2003-12-22.
[OAS2003c]	OASIS.org: OASIS Web Services Interactive Applications TC http://www.oasis-open.org/committees/tc_home.php?wg_abbrev=wsia Abruf am 2003-12-22.
[PSC2003]	PSC Group: PSC White Paper: Is XML More Than EDI With Different Letters? http://www.psclistens.com/enTouchCMS/FileUplFolder/Is%20XML%20Mor e%20Than%20EDI%20With%20Different%20Letters.pdf Abruf am 2003-12-22.
[RaVo2002]	Rahm, Erhard; Vossen, Gottfried [Hrsg]: Web & Datenbanken Dpunkt Verlag, Heidelberg 2002.
[Siem2003]	Siemens AG: Das Siemens Online Lexikon – Web Services: http://w3.siemens.de/solutionprovider/_online_lexikon/6/f013366.htm Abruf am 2003-12-22.
[Tane2002]	Andrew S. Tanebaum: Computer Networks. Prentice Hall, Upper Saddle River 2002.
[UDD2002a]	UDDI.org: *UDDI Technical White Paper*, http://www.uddi.org/pubs/Iru_UDDI_Technical_White_Paper.pdf Abruf am 2003-12-22.
[UDD2002b]	UDDI.org: UDDI Version 3.0.1 http://www.oasis-open.org/committees/uddi-spec/doc/tcspecs.htm#uddiv3 Abruf am 2003-12-22.
[UDD2002c]	Private implementations of UDDI Registries http://www.uddi.org/faqs.html#private Abruf am 2003-12-22.

[W3C2000]	W3C: SOAP Messages with Attachments. W3C Note 11 December 2000. http://www.w3.org/TR/2000/NOTE-SOAP-attachments-20001211 Abruf am 2003-12-22.
[W3C2003a]	W3C: W3C Process Document, Chapter 7 - W3C Recommendation Track Process. http://www.w3.org/2003/06/Process-20030618/tr.html#Reports Abruf am 2003-12-22.
[W3C2003b]	W3C: XML Core Working Group Public Page. http://www.w3c.org/XML/Core/#Publications Abruf am 2003-12-22.
[W3C2003c]	W3C: Web Services Activity. http://www.w3c.org/2002/ws/ Abruf am 2003-12-22.
[W3C2003d]	W3C: SOAP Version 1.2 W3C Recommendation. http://www.w3.org/TR/SOAP/ Abruf am 2003-12-22.
[W3C2003e]	W3C: Web Services Architecture - W3C Working Draft 8 August 2003. http://www.w3c.org/TR/ws-arch/ Abruf am 2003-12-22.
[W3C2003f]	W3C: Web Services Choreography Working Group. http://www.w3c.org/2002/ws/chor/ Abruf am 2003-12-22.
[W3C2003g]	W3C: SOAP Security Extensions: Digital Signature. W3C NOTE 06 February 2001. http://www.w3.org/TR/SOAP-dsig/ Abruf am 2003-12-22.
[W3C2003h]	W3C: XML Encryption WG. http://www.w3.org/Encryption/2001/ Abruf am 2003-12-22.
[W3C2003i]	W3C: XML Key Management Specification (XKMS) http://www.w3.org/TR/xkms/ Abruf am 2003-12-22.
[W3C2003j]	W3C: Semantic Web Services Interest Group. http://www.w3c.org/2002/ws/swsig/ Abruf am 2003-12-22.
[Wett2003]	Wettklo, Michael; Schultze, Marc-Andreas: ERP-Strategien im Collaborative Business - ERP in der Sackgasse? Detecon International GmbH,. Frankfurt, 2003.
[WSI2003]	WS-I: About Us. http://www.ws-i.org/AboutUS.aspx Abruf am 2003-12-22.
[ZDN2003]	ZDNet: XML: Mehr Sicherheit durch neue Standards - XACML und SAML. http://www.zdnet.de/itmanager/tech/0,39023442,2119418-3,00.htm Abruf am 2003-12-22.

Eidesstattliche Erklärung

Ich versichere, dass ich die vorliegende Hausarbeit selbständig verfasst und keine anderen als die angegebenen Quellen und Hilfsmittel benutzt habe. Alle Stellen, die wörtlich oder sinngemäß aus Veröffentlichungen oder anderen Quellen entnommen sind, sind als solche kenntlich gemacht.

Die Arbeit hat in gleicher oder ähnlicher Form noch keiner Prüfungsbehörde vorgelegen.

Konstanz, den 28. December 2003

Martin Schaedler